SUSPENSION

DE

L'AVENIR.

CLERMONT-FERRAND,

IMPRIMERIE DE THIBAUD-LANDRIOT,

IMPRIMEUR-LIBRAIRE.

—

1831.

AVIS.

On lisait dans *l'Avenir*, 10 novembre 1831 :

« Depuis plusieurs mois, on se plaît à répandre les bruits
» les plus sinistres sur les sentimens de Rome à notre égard.
» Nous avons déjà dit qu'aucune marque d'improbation di-
» recte ou indirecte ne nous était parvenue. . . . .
. . . .

« Comme il s'agit de la cause de la religion et non pas de
» la nôtre, nous prévenons nos abonnés, les donateurs de
» l'Agence, nos amis et tous ceux qui n'ont pas perdu le
» désir de connaître la vérité, qu'avant huit jours nous pren-
» drons des mesures capitales qui réduiront au silence la mau-
» vaise foi, et qui tireront les consciences timorées d'un
» embarras trop funeste au salut commun, pour qu'il se pro-
» longe. »

MM. les rédacteurs de *l'Avenir* tiennent aux catholiques la
promesse qu'ils leur ont faite ; ils ont annoncé, dans leur
numéro du 15, la suspension de leur journal, par les motifs
exposés dans les articles que l'on va lire. C'est cette sublime
résolution, cet acte de catholicisme pur et héroïque, déjà
connu des abonnés de *l'Avenir*, que nous soumettons au jugement de tout homme sensé, pour qu'il ait au moins cette
occasion de reconnaître quelle confiance méritent des hommes
si pleins d'amour et de respectueuse soumission pour le juge
suprême de toute question relative à la foi.

Les soussignés correspondans à Clermont de l'Agence générale, établie à Paris, pour la défense de la liberté religieuse,
donnent à la fin de cette petite brochure, un extrait des statuts
de cette Agence déjà recommandable par les services qu'elle
a rendus à notre foi et à nos frères. Les correspondans de
l'Agence générale sont autorisés à recevoir les offrandes des
donateurs, et se chargent de leur faire parvenir sans frais les
diverses publications que l'Agence générale jugerait utiles au
bien de la religion : déjà elle a distribué dans le cours de cette
année,

1°. Recueil de pièces relatives aux obsèques de M. l'abbé
Grégoire ; brochure in-8°, avec couverture imprimée ;

2°. Mélanges catholiques ; 2 vol. in-8°, avec couv. impr. ;

3°. Procès de l'école libre; 1 vol. in-8°, avec couv. impr.

Ces dons de l'Agence à ses propres donateurs témoignent à la fois de son zèle et de son désintéressement : elle peut les accorder encore à de nouveaux donateurs.

Clermont-Ferrand, le 24 novembre 1831.

L'Abbé MOUILLAUD.
L'Abbé CHARTIER.

SUSPENSION DE L'AVENIR.[1]

IL y a aujourd'hui treize mois que quelques hommes entreprirent de défendre deux grands biens, la religion et la liberté. Ils étaient en petit nombre, pauvres et sincères. Ils n'avaient servi aucune puissance de ce monde; nul parti ne les avait comptés dans ses rangs, et leur cœur n'était pas moins libre que leur mémoire; car ils n'avaient foi en aucun parti et en aucun gouvernement. Ils avaient gardé toute leur foi pour Dieu, et, dans leur devise, à côté de son nom, ils ne placèrent qu'un autre nom venu du Ciel avec le sien. Ainsi se trouva renouée dans les temps modernes une antique alliance.

Le petit nombre d'hommes qui avaient renoué cette alliance étaient catholiques. Ils dirent à leurs frères que la religion n'avait pas péri avec le trône, et qu'il était temps de chercher pour elle, dans les peuples, un plus solide appui. Ils dirent que le salaire du clergé étant devenu, de l'aveu même du pouvoir, non plus la juste indemnité d'une spoliation sanglante, mais le gage de la servitude, il ne fallait plus orner l'autel avec cette boue. Ils dirent au clergé: « Ministres de celui qui naquit dans une crèche et mourut sur une croix, remontez à votre origine, retrempez-vous volontairement dans la pauvreté, dans la souffrance, et la parole du Dieu souffrant et pauvre reprendra sur vos lèvres son efficace première. Sans aucun autre appui que cette divine parole, descendez, comme les douze pêcheurs, au milieu des peuples, et recommencez la conquête du monde. Une nouvelle ère de triomphe et de gloire se prépare pour le christianisme. Voyez à l'horizon les signes pré-

---

(1) *L'Avenir*, n° du 15 novembre 1831.

curseurs du lever de l'astre, et, messagers de l'espérance, enton-
nez sur les ruines de tout ce qui passe le cantique de vie. » (1)

En même temps qu'ils donnaient ces sévères conseils, ils
défendaient chaque jour, contre les entreprises du pouvoir, les
libertés religieuses ; ils flétrissaient un à un tous les actes d'in-
tolérance par lesquels les nouveaux fonctionnaires prétendaient
donner des gages de leur dévouement, et une croix n'a pas
reçu d'insulte, une église n'a pas été violée sans que leur voix
se soit fait entendre. Ils étaient pénétrés d'une double douleur
à la vue de ces actes de barbares : chrétiens, ils en souffraient
comme on souffre de tout attentat à ce que l'on vénère ; Français sincèrement attachés à la liberté, ils en souffraient encore
par le dommage que cette conduite inconséquente apportait à
la cause des peuples, et il était impossible que, sous le poids
de cette double affliction, leur langage ne fût souvent amer.
Médiateurs entre la liberté et la religion, ils relevaient d'une
main les pierres saintes déjà tombées ; ils protégeaient de l'autre celles qui ne l'étaient pas encore ; ils invitaient les vain-
queurs et les vaincus à se pardonner mutuellement les injures
passées ; mais les injures se renouvelant tous les jours à cause
de l'ignorance et des passions, ils étaient forcés par leur haine
même pour la discorde, et par la conscience du but désinté-
ressé auquel ils tendaient, à parler une langue dont l'énergie
égalât le mal que tant de coupables actions contre la liberté
religieuse faisaient à la France.

Une occasion solennelle de réclamer avec cette liberté le
bonheur du pays, se présenta bientôt. Le pouvoir, oubliant
que la Charte avait séparé l'Eglise de l'Etat, et oubliant
aussi les crimes qu'il avait commis ou soufferts contre l'Eglise,
nomma un évêque au siége de Beauvais. Nous nous souvînmes
à la fois de la Charte et des maux de nos frères ; persuadés que
la nomination des chefs spirituels des peuples par les gouvernemens était l'une des premières causes de tous les malheurs
de l'Europe, par suite du mépris où elle jette la religion, et
de la facilité qu'elle donne aux princes d'opprimer dans la
conscience toutes les vérités, nous nous élevâmes contre le

____

(1) *L'Avenir* du 18 octobre 1830.

choix de l'évêque de Beauvais, qui tendait à perpétuer, malgré la nouvelle révolution, un ordre de choses introduit sous François Ier, et relevé par Napoléon. Le pouvoir sentit bien que nous avions touché le point capital de la question entre lui et la liberté : il fit traduire trois d'entre nous devant la cour d'assises. Le catholicisme, amené à la barre du pays, réclama sa part dans la liberté commune, et le jury lui accorda la première justification judiciaire qu'il ait obtenue au dix-neuvième siècle.

Nous ne songions pas uniquement à ce qui touche la liberté religieuse. Conséquens en tout aux principes politiques que nous avions proclamés à notre début, nous ne croyons pas qu'un seul Français puisse nous reprocher, pendant les treize mois de notre existence, une seule infidélité à cette devise : LIBERTÉ EN TOUT ET POUR TOUS. Nous avions, les premiers, jeté dans la polémique de la presse ces principes d'une liberté universelle, principes que l'esprit de parti a depuis exploité selon ses intérêts, et devant lesquels le vieux libéralisme a reculé, mais principes qu'une jeunesse sincère adopte avec amour. Dans l'ordre religieux, la séparation complète de l'Eglise et de l'Etat ; dans l'ordre électoral, le suffrage universel, mais combiné avec des institutions communales et provinciales qui arrachent le vote des citoyens aux intrigues des partis, et leurs intérêts au despotisme de la centralisation ; dans l'ordre de la pensée et de l'éducation, la liberté absolue de l'enseignement. Nous offrions ainsi le vrai moyen d'unir toutes les opinions qui déchirent la France : aux libéraux, la plus magnifique réalisation de leurs doctrines ; aux royalistes, le secret d'une réconciliation complète avec tous les besoins du pays, et la seule voie par où leur bannière pût redevenir celle de la France, si d'autres trahissaient leurs destinées.

Dieu et les hommes nous sont témoins si nous avons violé une seule fois ces principes dans l'application, s'il est une seule cause juste que nous n'ayons défendue, un seul opprimé que nous n'ayons protégé par toutes les armes que nous avions entre nos mains, un seul attentat du pouvoir que nous n'ayons dévoilé et flétri. Lors du procès des ministres, nous nous élevâmes, avec toute l'autorité que nous donnait notre amour sincère de la liberté, contre des vœux sanguinaires. Nul ne protesta alors plus haut que nous contre le déshonneur qui menaçait la patrie, ni plus tard contre des propositions odieuses qui tendaient à renouveler des proscriptions réprouvées par le monde entier, contre une famille que l'infortune a deux fois consacrée.

Nous ne nous contentâmes pas de cette polémique à laquelle la France est malheureusement accoutumée, comme au terme de la résistance légale. Appliquant, à nos propres risques, cet axiôme, que LA LIBERTÉ NE SE DONNE PAS, MAIS SE PREND, on nous a vus opposer une résistance active et constitutionnelle à une légalité despotique ; on nous a vus, arrachés par la force de notre domicile, défendre pied à pied, pendant cinq mois et demi, le domaine de la liberté, et, changeant tout à coup de rôle, traîner la corruptrice de l'humanité naissante, devant le premier tribunal du royaume, d'accusés y devenir accusateur, la condamner à entendre dévoiler sa honte, à échanger contre trois cents francs de profit une ignominie jusqu'aujourd'hui sans exemple, et à recevoir la flétrissure d'une de ces victoires qui tuent le vainqueur.

Constitués d'une manière officielle et publique, en *Agence*, nous avons dévoué notre existence à protéger toutes les libertés contre toutes les atteintes qu'elles subissent chaque jour. Les Capucins d'Aix, les Trappistes de Meilleray, et beaucoup d'autres ecclésiastiques sont là pour attester que nos efforts n'ont pas toujours été impuissans, ni le nom que nous avions pris un mensonge. Quand le ministère, continuant la série de ses sacriléges, a fait crocheter les portes de nos églises pour y jeter les corps de ses apostats, nous le poursuivîmes à outrance, et nous eûmes la gloire de défendre notre illustre pontife contre la théologie des salariés du pouvoir. Nous eûmes aussi la gloire de déterminer le noble clergé de Beauvais, à rejeter, par une démarche éclatante, le complice du sacrilége qu'on lui octroyait comme évêque, et à porter aux pieds du souverain Pontife, malgré des lois oppressives, une protestation que le Vicaire du Christ a sanctionnée par son arrêt suprême. Plus tard, lorsque le ministère mit à l'encan les restes de l'archevêché de Paris, respectés par les forçats, nous ouvrîmes une souscription pour le rétablissement de ces ruines saintes, et la volonté seule de notre vénérable archevêque arrêta l'hommage que tous les catholiques de France allaient apporter à ses pieds.

Nous ne parlons pas de ce que nous faisions tous les jours pour la défense de nos frères, ouvrant sans réserve les colonnes de *l'Avenir* à toutes les plaintes et à toutes les réclamations des opprimés ; ne laissant jamais sans réplique les attaques et les calomnies des journaux ministériels, ou prétendus libéraux, contre l'épiscopat et la religion ; obligeant ces journaux à changer de langage, et à établir un contraste frappant entre celui qu'ils tiennent aujourd'hui et celui qui remplissait leurs feuilles sous la restauration ; enfin, livrant un combat sans relâche pour notre foi et nos autels, dans un temps où la foi n'avait en France nul organe qu'elle osât nommer, et où nul parti ne connaissait d'autres autels que ceux de ses passions et de ses intérêts.

Nous dirons un mot de ce que nous avons fait pour la cause de la liberté et du catholicisme dans les pays étrangers, parce que ce mot aujourd'hui sera un hommage à de grandes infortunes.

La Belgique avait donné le premier exemple d'un soulèvement catholique, au dix-neuvième siècle, contre l'oppression de l'hérésie : nous lui avons consacré un ardent et inépuisable amour depuis la première aurore de sa gloire jusqu'aujourd'hui, où, par un nouveau décret de la providence, elle languit mutilée dans les bras de la diplomatie européenne.

L'Irlande vivait devant Dieu grande de souffrance et de foi, mais presque ignorée de nous. Nous avons révélé à la France tous les détails du spectacle sublime qu'elle offre à Dieu, et quand la famine revint la ravager, quand le moment fut venu de faire un appel à la charité française, nous le fîmes, et nous eûmes le bonheur de verser près de quatre-vingt mille francs entre les mains d'un métropolitain d'Irlande. Un synode d'évêques irlandais nous a décerné des actions de grâces solennelles, avec le titre de VÉRITABLEMENT CHRÉTIENS.

La Pologne s'était ébranlée et s'apprêtait à mourir pour la liberté et la foi. A peine le bruit de sa glorieuse révolution

(9)

fut-il parvenu jusqu'à nous, que nous l'accueillîmes par un cri de foi fraternelle, d'espérance, hélas! trop vaine, d'amour sans bornes. Tant que dura le martyre de cette noble nation, nos prières, nos pensées, nos cœurs furent à elle; pas une de ses gloires ni de ses infortunes n'a échappé à notre tendresse; et si jamais nous pouvons voir son tombeau, nos larmes ne seront mêlées d'aucun remords; nous aurons la conscience de lui avoir consacré toutes les forces que Dieu nous avait données, nous n'aurons pas murmuré d'affreuses prières pour demander la ruine des dernières espérances du catholicisme sous le ciel du nord. Les envoyés de la Pologne nous ont témoigné, en son nom, sa reconnaissance, par un acte trop honorable pour ne pas le rappeler, surtout depuis que la Pologne n'est plus.

En Allemagne, nous portâmes quelques secours aux catholiques tombés dans l'engourdissement et dans les serres des concordats interprétés avec les traditions de Joseph II.

Tous ces efforts en France et à l'étranger, n'avaient pas été sans fruit. Le courage des catholiques s'était réveillé; ils comprenaient les avantages d'une lutte ouverte contre l'oppression, et de toutes parts s'est organisée à notre voix une résistance forte comme la justice, et intrépide comme la foi. D'un autre côté, de nombreuses préventions se dissipaient, des hommes qui n'avaient aimé long-temps qu'un des deux grands noms qui président à notre vie publique, oubliant que la liberté ne peut rien toute seule, s'étonnèrent de ce que l'histoire des siècles aurait pu leur apprendre, c'est-à-dire, de l'alliance intime qu'il y avait entre la liberté et la religion. D'éclatantes conversions se sont faites, et ceux qui sont revenus ainsi au sein de l'Eglise, n'ont pas craint d'avouer que *l'Avenir* les y avait ramenés. Des cœurs jeunes, trop long-temps vides, s'emparaient avec ardeur de nos doctrines, s'approchaient avec amour de nous: chaque jour le catholicisme faisait de nouvelles conquêtes dans le parti de la jeunesse et de l'espérance. Il y avait même des hommes connus qui comprenaient et adoptaient nos idées, et peut-être le jour n'était pas loin où la cause de la religion eût été plaidée à la tribune nationale, par des voix long-temps habituées à se taire sur elle ou à l'attaquer.

Enfin, à peine venions-nous, à la barre de la cour des pairs, de parler un langage purement catholique, un langage qu'aucune assemblée législative n'avait entendu en France depuis les Etats-Généraux de 1614, et de le parler sans que nul sarcasme, nulle dérision s'échappât des lèvres de nos adversaires : à peine cette mission était-elle remplie, que la providence nous en assigne une autre peut-être plus grande encore. Des solitaires dont le nom s'associe à tout ce que la religion rappelle de plus touchant et de plus sublime, deviennent les victimes des vils agens d'un pouvoir égaré ; expulsés de leur domicile, les Trappistes transfèrent sur nos têtes leurs infortunes et leurs droits ; et ce ne sont pas seulement les tribunaux qui retentiront de cette cause ; les députés de la France la jugeront en première instance ; car une requête du père abbé de Meilleray, en a déjà saisi la chambre, et la liberté religieuse, après avoir revendiqué ses droits devant des législateurs héréditaires, va maintenant les plaider devant les élus du peuple.

Voilà ce que nous avons fait dans treize mois ; voici maintenant ce que l'on a fait contre nous.

D'abord étourdis par la franchise de nos allures, et la brusquerie de nos paroles, de sourds murmures s'élevèrent de tous les points du pays où la servitude avait conservé des apôtres ou des disciples.

Bientôt une vaste conspiration s'ourdit. Des journaux se chargèrent des premiers coups. Les uns, qui affectaient une sympathie presque complète pour nos doctrines, travaillèrent contre elles par leur silence ; les autres, en tête desquels il est juste de placer l'ancien *Ami de la Religion et du Roi*, par un système de calomnie dont l'astuce et la bassesse sont restées jusqu'ici sans exemple.

Tandis que des hommes complètement étrangers à nos opinions, et à qui nos espérances ne pouvaient inspirer que de la pitié, rendaient cependant justice à la pureté de nos intentions, et à la franchise de nos paroles, ceux qui priaient au pied des mêmes autels que nous, allaient partout noircissant nos noms. Long-temps leurs menées mystérieuses nous furent inconnues ; car nous, simples et chrétiens, nous pensions qu'on nous combattrait avec des armes pareilles aux nôtres, et nous ne supposions pas , pendant que nous luttions au grand jour, et que la publicité était l'âme de notre œuvre, qu'il y eût des hommes occupés à ramasser, dans les ténèbres et dans la boue, d'odieuses calomnies. Il faut maintenant les forcer , ces calomnies , à lever le front devant nous.

On commença par nous imputer une haine implacable pour la dynastie exilée , un acharnement sans bornes contre ses membres, par cela seul qu'ils étaient rois et Bourbons , et jusqu'à des injures personnelles et imprimées contre eux.

Et nous , nous pouvons à juste titre défier qui que ce soit de montrer dans nos colonnes une parole qui outrage les droits sacrés de l'infortune, une parole qui insulte même au passé, dans tout ce qu'il a de personnel à ceux qui expient maintenant, sur une terre étrangère, des torts que nous nous sommes toujours plu à regarder comme des erreurs. Encore une fois , nous défions qui que ce soit de citer une ligne qui s'écarte du devoir qui nous était imposé, de montrer le doigt de Dieu dans les ruines royales, de proclamer que la religion pouvait survivre à un trône ; de dire, en un mot, comme Bossuet et le psalmiste : *Et nunc, reges, intelligite; erudimini, qui judicatis terram.*

Ce n'était rien encore. Il s'est trouvé des hommes qui, pour se venger d'une différence d'opinion, pour nous punir d'avoir froissé leurs préjugés, n'ont pas craint, attaquant jusqu'à la vie privée de ceux d'entre nous qui sont prêtres, d'inventer des faits qui impliqueraient la violation des premiers devoirs de leur état. Il est des reproches qu'une certaine dignité défend de réfuter ; il y a des hommes qu'il faut aller chercher trop bas dans l'infamie, pour ne pas les y laisser toujours. Passons.

Après avoir noirci notre vie privée, ces mêmes hommes ont été colporter que nous faisions une scission déplorable parmi les catholiques de France ; que nous semions partout un esprit de révolte et d'incrédulité ; que nous voulions le mariage des prêtres ; et que surtout nous étions en pleine rébellion contre les évêques de France.

Et nous , nous poursuivions paisiblement notre route , recevant de toute part des témoignages de l'heureux effet de nos doctrines, sur des âmes long-temps étrangères à la foi, écoutant avec bonheur le récit des conversions édifiantes qui s'effectuaient, rappelant l'antique discipline, l'antique doctrine de l'Eglise, faisant de notre journal comme un sermon quotidien ; et, quant à ce qui touche nos évêques, persévérant à leur égard dans les voies de la docilité catholique.

Ce n'est pas tout encore. On a été jusqu'à nous imputer des desseins de révolte contre Rome ! oui, contre Rome ! Elle nous a déjà condamnés, selon ces interprètes de ses lois, et si la sentence n'est pas promulguée, c'est que Rome est convaincue, comme eux, que nous n'attendons que ce moment pour lever la bannière de Luther. Nombre de gens ont déjà même arrangé leurs dates ; tel jour nous serons schismatiques, tel autre hérétiques ; et alors, grâces au Ciel, l'Eglise de France saura à quoi s'en tenir sur ses prétendus défenseurs.

Et nous, pendant que la frénésie de nos ennemis s'élevait ainsi au plus haut point, nous faisions acte d'une soumission sans réserve. En déposant aux pieds du saint Père l'exposition complète de nos doctrines qui renferment celle de son infaillibilité, et en jurant d'avance de rétracter tout ce qu'il condamnerait, nous pensions en avoir assez fait pour réduire au silence la plus noire calomnie ; mais nous nous trompions, et le jour est venu où il ne nous reste d'autre refuge que notre conscience et celle des honnêtes gens, en attendant le jugement souverain du Père commun des fidèles.

Les calomnies ont du reste porté leurs fruits ; la persécution les a suivies ; la persécution, nous le disons avec une profonde douleur, venue d'en haut. Il est vrai qu'aucune improbation officielle ni directe, ne nous a été communiquée ; que ni notre ordinaire, ni aucun des autres évêques de France, n'ont jugé à propos de publier la censure d'une seule de nos doctrines ; que nous attendions en vain, pour savoir quel parti prendre, un témoignage paternel des sentimens dont le sourd retentissement nous parvenait de tous côtés. *Un seul* évêque a manifesté d'une manière confidentielle, à l'un d'entre nous, son improbation, et encore n'est-il entré, malgré nos instances, dans une explication. Cependant nous étions marqués au sceau d'une réprobation inouïe, nous et nos partisans ; des sévices qui pouvaient difficilement nous atteindre, ont été exercés sur eux. Les destitutions les plus étranges ont été prononcées contre des prêtres connus par la pureté de leurs mœurs, leur popularité auprès des fidèles, et la profondeur de leur instruction. L'expulsion prononcée contre les professeurs des séminaires, qui avaient le malheur d'enseigner une doctrine qu'ils croient celle de Rome, et que deux papes ont couronnée des plus brillans éloges ; le refus des ordres sacrés infligé aux séminaristes *suspects* de partager cette doctrine, quelquefois même *l'interdiction ipso facto* prononcée contre nos abonnés ecclésiastiques ; enfin, nos œuvres de charité mêmes frappées de réprobation, et des précautions prises contre la bienfaisance, pour peu qu'elle s'exerçât par nos pauvres mains : telles sont, sans parler de deux mandemens et de circulaires mystérieuses qui attaquaient vaguement nos doctrines, sans qu'aucune proposition fût spécifiée, les mesures de rigueur qu'ont cru devoir employer contre nous, non pas la majorité des évêques de France, ce qu'à Dieu ne plaise, mais quelques-uns de ces vénérables pasteurs, trompés sans doute sur notre compte par de faux rapports, et pour lesquels rien n'ébranlera du reste notre respectueuse affection. Seulement nous avons lieu de déplorer que leurs rigueurs, en épargnant des journaux qui exploitent nos doctrines au profit d'une opinion politique, ne soient dirigées, par un privilége spécial, que contre nous qui n'avons pas, comme eux, associé d'une manière indissoluble les destinées éternelles de l'église de Dieu, et celles d'une dynastie d'hommes. Seulement il devait nous être permis de déplorer amèrement que quelques évêques se prêtâssent à seconder les vues d'un pouvoir athée qui nous poursuit à outrance, parce qu'il nous a trouvés sur son chemin, aux portes des églises qu'il profanait, et des monastères qu'il pillait.

Nous ne dirons pas ici quelles ont été notre surprise et notre affliction, à mesure que ces funestes nouvelles nous sont arrivées. Notre surprise : car vraiment lorsque nous songions combien de fois nous nous sommes trouvés seuls et sans rivaux quelconques sur la brèche ; lorsque nous songions que les prétendus défenseurs de cette Eglise, n'avaient fait foule autour de nous que pour nous insulter et nous calomnier, nous nous étonnions de cette réprobation dont nous avions le privilége. Notre affliction : quoique nous l'ayons tue, et quoique nous puissions nous rendre ce témoignage que pendant que notre cœur était navré, pas un mot n'a trahi des émotions trop justes, ni révélé une à une des injures dont le bruit eût été grand si nous l'avions voulu.

Nous venons d'exposer avec franchise notre position. Il s'agit maintenant de prendre un parti qui convienne à la fois à notre caractère et à nos devoirs.

La publication de *l'Avenir* sera suspendue à dater de ce jour, jusqu'à celui où il aura plu au souverain Pontife de s'expliquer sur l'ensemble de nos travaux, que nous lui avons soumis dans la profonde humilité de notre esprit et l'ardent amour de notre cœur. S'il nous condamne, nous serons heureux de pouvoir nous justifier par notre obéissance, encore plus que nous ne le serions par une approbation entière.

Pour accélérer autant qu'il dépendra de nous le moment si désiré qui calmera toutes les consciences, trois d'entre nous partiront immédiatement pour Rome, où ils provoqueront et recueilleront notre sentence. Nos trois représentans seront MM. l'abbé F. de La Mennais, l'abbé H. Lacordaire et le comte de Montalembert.

Nous sommes condamnés, dit-on, à Rome; eh bien! c'est à Rome que nous irons entendre notre arrêt, prosternés devant la chaire de St. Pierre.

Nous prévoyons d'avance les interprétations auxquelles va donner lien cette démarche. Mais nous espérons qu'il se trouvera quelques catholiques qui n'y verront que ce que nous y voyons nous-mêmes, c'est-à-dire, un acte de foi sincère.

. Nous savons aussi quel cri de joie va saluer ce qu'on appellera notre chute, et combien, dès demain, on profitera du silence que nous nous imposons volontairement. Nous entendons déjà ce concert de félicitations qui va s'élever de quatre camps différens : l'un où l'on établira une nouvelle argumentation pour prouver que le juste-milieu est immortel et M. de Montalivet infaillible; l'autre où l'on battra des mains à la disparition d'un ennemi redoutable des destructeurs de croix;

(15)

un troisième où l'on reconnaîtra un arrêt du Ciel qui confond dans la ruine commune des Belges et des Polonais les insolens critiques de l'indissoluble union entre le trône et l'autel; un quatrième enfin où l'on chantera un *Te Deum* en l'honneur de la religion de Louis XIV et de Bossuet, et où l'on tressaillera d'une grande joie en songeant aux belles doctrines que l'on va pouvoir prôner sans réplique, nonobstant qu'elles aient été *cassées, improuvées, annulées, condamnées* par une longue suite de Pontifes.

Peut-être, du reste, avant que leur joie soit finie, aurons-nous eu le loisir de reparaître devant eux. Car ce que nous tenons beaucoup à faire comprendre à nos ennemis comme à nos amis, c'est que nous n'entendons nullement finir aujour-d'hui notre carrière, mais uniquement la suspendre. *L'Avenir* a les moyens matériels de prolonger long-temps encore son existence. Si sa publication est interrompue jusqu'à ce que nous puissions la reprendre avec l'assentiment du saint Père, c'est pour apprendre au monde ce que c'est que la foi des vrais catholiques, et pour dérober nos amis aux cruelles persécutions qui les atteindraient jusqu'au moment d'une décision souveraine.

Une fois cette décision obtenue, et si, comme nous le croyons fermement, elle reconnaît qu'il n'y a rien de condamnable dans nos efforts et nos doctrines, *l'Avenir* recommencera la lutte où il n'a point été vaincu.

Mais avant de rentrer ainsi pour un temps dans le silence, qu'il nous soit permis d'adresser un mot d'affection et de gratitude à ceux qui ont marché avec nous dans la voie des épreuves, à ceux dont le cœur a toujours été près du nôtre dans ces mauvais jours, à ceux sur qui nous avons, malgré nous, et long-temps à notre insçu, appelé la persécution et la douleur. O nos amis! nous savons de quelle tristesse ces paroles d'adieu vont remplir vos âmes, nous savons quel vide peut-être nous laisserons dans votre vie; mais fussions-nous séparés pour toujours, notre tombeau serait un tombeau chrétien, un tombeau où la vie se retrouve, et se retrouve bientôt. Du reste, encore une fois, que l'espérance vive dans vos cœurs comme dans les nôtres; que votre âme se repose sur cette parole que nous avons prise pour titre et pour emblême: *l'Avenir*. Ce seul mot contient tant de force et tant d'espérances! Priez donc pour nous, amis, pendant que nous cheminerons humblement vers la ville éternelle : que votre douce mémoire nous suive là où nous allons non pas fuir la défaite, mais chercher la victoire!

Il y a huit siècles, Philippe-Auguste, égaré par la violence de ses passions, résolut de répudier une reine à laquelle il avait toujours refusé les droits d'épouse. Ingerburge de Danemarck comparut devant un concile, moitié laïc, moitié ecclésiastique, et on lui communiqua la sentence qui la dépouillait de sa couronne. La pauvre vierge du nord ne comprenait point la langue franque, la langue de ses oppresseurs; mais quand on lui eut fait entendre par signe quelle était sa destinée, elle poussa trois fois un cri qui est de toutes les langues et dans tous les cœurs, *Rome! Rome! Rome!*

On la reconduisit dans son cachot. Mais son cri avait traversé les monts, et l'écho de la ville éternelle l'avait répété. Célestin III, et après lui Innocent III, occupaient à cette époque la Chaire de Pierre; le divorce fut cassé, le concile servile censuré, le royaume placé sous interdit jusqu'à ce qu'Ingerburge fût remontée sur le trône de France. (1)

Et nous aussi nous poussons le cri immortel. Le successeur d'Innocent III siége au Vatican.

Encore un mot. Nous disions, il y a un an, dans un article qui eut la gloire d'attirer sur nous les premiers sévices du pouvoir : *Nous faisons dès aujourd'hui cette protestation.........* *Nous la porterons pieds nus, s'il le faut, à la ville des Apôtres, aux marches de la confession de saint Pierre, et on verra qui arrêtera sur la route les pèlerins de Dieu et de la liberté.*

Les pèlerins vont partir. Que Dieu les garde!

Paris, ce 15 novembre 1831.

Les membres du comité de rédaction de l'Avenir.

F. DE LA MENNAIS, prêtre; PH. GERBET, prêtre; H. LACORDAIRE, prêtre; C. DE COUX; comte CH. DE MONTALEMBERT; DAGUERRE; E. D'AULT-DU-MESNIL; WAILLE.

---

(1) Duchesne, *de legato misso.*

Les catholiques ont commencé, depuis un an, un grand combat, qui finira, s'ils persévèrent, par le plus beau triomphe qui
ait jamais été accordé à des efforts humains. Le monde leur
devra la liberté, non pas cette liberté menteuse et destructive
qu'on suit à la trace du sang, et qui, après d'horribles dévas-
tations, aboutit à planter un sabre sur des ruines, mais une liberté réelle, fondée sur le respect des droits, inséparable de
l'ordre, pure comme le Ciel où elle recevra son dernier dé-
veloppement, sainte comme Dieu, qui en a gravé l'ineffaça-
ble désir dans le cœur de l'homme. Alors, et alors seulement,
le christianisme, dégagé des nuages qui le voilent, apparaîtra
de nouveau à l'horizon de la société comme l'astre qui l'éclaire,
l'échauffe, la vivifie, et les peuples, tournant vers lui leurs
regards, accompagneront sa course magnifique de leurs chants
de joie et des hymnes sans cesse renaissans de leur amour.
Car, il ne faut pas s'y méprendre, si la foi languit, si la religion n'inspire à plusieurs qu'un superbe dédain, ou une pitié
amère, c'est que là où les gouvernemens la tiennent sous leur
dépendance, elle a perdu dans la servitude son caractère natif
de grandeur et tout ensemble cette fécondité qui, s'épanchant
en bienfaits inépuisables, suivait, en quelque sorte, dans leurs
plus secrètes voies, nos misères pour les réparer ; c'est qu'im-
puissante à défendre les droits que Jésus-Christ a rendus aux
fils d'Adam dégénérés, au lieu de rétablir sur leur font le sceau
divin, elle semble elle-même, sous les fers qui la dégradent,
porter l'empreinte de leur faiblesse et de leur caducité. En la
voyant telle qu'ils l'ont faite, ou telle qu'ils ont souffert qu'on
la fît, les hommes ont rougi de cette œuvre de l'homme.

Mais que les catholiques ne l'oublient point, ce n'est pas en
un jour qu'ils briseront ces vieilles chaînes. Partout la puissance humaine les serre convulsivement dans sa main, per-
suadée qu'elle ne peut vivre si la pensée, si la conscience est
libre. Mais cette main se lassera ; déjà ses forces s'épuisent :
et c'est pourquoi le pouvoir, pressentant la fin de son inso-
lente domination sur ce qui n'a pas été soumis à son empire,
tend, si l'on peut le dire, tous ses muscles pour retenir ce
qui lui échappe, et perpétuer sa tyrannie par un effort déses-
péré. De là ce qui se passe en France. Le ministère travaille à

réaliser de fait la constitution civile du clergé, en s'y substituant à la place du peuple dans la nomination des évêques et des curés. Il cherche à s'emparer de l'administration temporelle des séminaires, en attendant qu'il en envahisse l'administration spirituelle, par le choix qu'il s'attribuera des directeurs et des professeurs. Et il ne s'arrêtera pas là : M. de Montalivet, dans son ivresse de despotisme, ne se croit-il pas autorisé à désigner les livres de religion dont on devra faire usage dans les écoles primaires du monopole? Il s'est mis dans la tête qu'en France tous les enfans lui appartenaient, que c'était à lui, à lui seul de régler leur foi, de former leur intelligence, afin de les rendre à la patrie purs de toute *superstition*, et l'on sait ce que ce mot signifie dans sa bouche. Les mêmes précautions, n'en doutez pas, seront prises pour tous les degrés de l'enseignement. On remontera jusqu'aux évêques; car il faut aller jusqu'à eux, pour en finir avec la *superstition*. Déjà dépouillés du droit de nommer des vicaires-généraux, des chanoines, des curés qui aient leurs confiance, on essaiera de leur dicter leurs mandemens, leurs circulaires, leurs lettres pastorales. Esclaves jusque dans l'intérieur même de leurs églises, on les forcera, lorsqu'on le trouvera bon, à les déserter pour faire place à des schismatiques, et puis après les avoir souillées par mesure de police, on leur dira froidement, rentrez, nous vous le permettons. Le ministre prescrira jusqu'aux détails du culte; on priera ou l'on ne priera pas, à telle heure ou à telle autre heure, selon qu'il lui plaira de l'ordonner. Que sais-je enfin? Et je ne dis pas ce qui sera, je dis ce qui est, je raconte ce que la France a sous les yeux, ce qui soulève d'indignation quiconque a un cœur d'homme. Non, non, les catholiques n'accepteront pas le joug infâme qu'on tente de leur imposer; il broieront cette tyrannie, et dans sa poussière ils planteront la liberté qui sera leur salut et le salut de tout le monde. Trop long-temps ils se sont courbés sous la verge de leurs oppresseurs, trop long-temps ils ont dormi du sommeil de l'esclave : que leur réveil marque dans l'histoire une époque aussi glorieuse, que le règne de leurs tyrans est exécrable et flétrissant pour l'humanité. Lorsque leur voix hardie, puissante, s'élevera comme la tempête qui frappe les créneaux d'une antique prison, elle pénétrera là où reposent les vieux héros chrétiens, et dans la tombe où ils descendirent usés de travaux et de combats, leurs ossemens s'agiteront.

Et nous qui disons ceci, nous qui appelons nos frères, de toute la force de notre amour pour la plus sainte des causes, à la défense de ce qui leur est, comme à nous, plus cher mille fois que la vie, est-ce donc que nous délaisserions cette cause sacrée? Que Dieu nous préserve d'une telle honte! Si nous nous retirons un moment, ce n'est point par lassitude, encore moins par découragement, c'est pour aller, comme autrefois les soldats d'Israël, *consulter le Seigneur en Silo.* On a mis en doute notre foi et nos intentions mêmes, car, en ce temps-ci, que n'attaque-t-on point? Nous quittons un instant le champ de bataille, pour remplir un autre devoir également pressant. Le bâton du voyageur à la main, nous nous acheminerons vers la Chaire éternelle, et là, prosternés aux pieds du Pontife que Jésus-Christ a préposé pour guide et pour maître à ses disciples, nous lui dirons : O Père! daignez abaisser vos regards sur quelques-uns d'entre les derniers de vos enfans, qu'on accuse d'être rebelles à votre infaillible et douce autorité : les voilà devant vous; lisez dans leur âme, il ne s'y trouve rien qu'ils veuillent cacher : si une de leurs pensées, une seule, s'éloigne des vôtres, ils la désavouent, ils l'abjurent. Vous êtes la règle de leurs doctrines; jamais, non jamais ils n'en connurent d'autre. O Père! prononcez sur eux la parole qui donne la vie, parce qu'elle donne la lumière, et que votre main s'étende pour bénir leur obéissance et leur amour.

F. DE LA MENNAIS.

LETTRE

De Mgr l'Archevêque de Dublin, à M. le comte de Montalembert, pair de France.

Mountjoy-Square, Dublin, 3 novembre 1831.

Mon cher comte,

Le 23 octobre dernier, l'archevêque et les évêques de la province occidentale de l'Irlande se sont assemblés à Athlone pour consacrer Mgr l'évêque du nouveau siége de Galway. Ils n'ont point cru devoir se séparer avant d'avoir publiquement exprimé leur reconnaissance de la sympathie manifestée par la nation française pour les souffrances de leurs diocésains pendant la dernière famine, et surtout du zèle généreux que les rédacteurs de *l'Avenir* ont montré dans leur appel à cette sympathie. Une vive satisfaction m'est réservée, celle de transcrire à la fin de ma lettre les *résolutions* adoptées par nos prélats. Elles ont été insérées dans le *Dublin Evening Post* du 1er novembre, et plus tard dans plusieurs autres journaux, ainsi que le compte rendu de la souscription irlandaise tel qu'il a paru dans le numéro de *l'Avenir* du 30 septembre. Les réflexions faites à ce sujet par le rédacteur du *Dublin Evening Post* montrent qu'il partage entièrement votre opinion quant aux rapports qui doivent exister entre l'Eglise et l'Etat.

J'ai l'honneur, etc.

† D. Murray.

(Copie.)

« Les évêques catholiques de l'ouest de l'Irlande, réunis à
» Athlone, le 24 octobre 1831, sous la présidence de sa
» grandeur Mgr Kelly, archevêque de Tuam, ont adopté à
» l'unanimité les *résolutions* suivantes :

» 1°. Résolu, que nous avons vu avec la plus vive satisfac-
» tion la noble sympathie des catholiques de France pour cette
» partie du peuple irlandais qu'une cruelle famine a désolée
» cette année. Nous éprouvons une profonde reconnaissance
» des secours si libéralement envoyés par une nation généreuse
» aux pauvres de ce pays ; et nous profitons, avec le plus vif
» plaisir, de l'occasion qui se présente aujourd'hui pour ex-
» primer toute notre chaleureuse gratitude ainsi que celle de
» nos compatriotes.

» 2°. Résolu, que nous nous regardons comme spécialement
» tenus d'offrir nos remercîmens aux rédacteurs bienfaisans et
» éclairés du JOURNAL VÉRITABLEMENT CHRÉTIEN *l'Avenir*, et
» en particulier au comte de Montalembert et à MM. l'abbé
» F. de Lamennais, l'abbé H. Lacordaire et C. de Coux. Nous
» attribuons à leurs efforts la direction prise par la charité
» française, et nous désirons avec ardeur que long-temps
» encore ils puissent vivre pour consacrer leurs talens à des
» œuvres également nobles, également utiles.

» 3°. Résolu, que les fonds de la souscription française qui

» nous sont parvenus depuis que la famine a cessé, ne peu-
» vent être affectés à l'usage indiqué par les donateurs, et
» qu'en conséquence ces fonds seront employés à l'entretien
» des écoles de charité et à augmenter les moyens d'instruc-
» tion pour les classes pauvres, en leur distribuant gratuite-
» ment des livres de morale et de piété.

» 4°. Résolu, que sa grandeur le docteur Murray, de Du-
» blin, sera prié de transmettre copie des présentes résolutions
» aux rédacteurs de *l'Avenir*, et en même temps qu'il sera prié
» d'agréer les remercîmens auxquels il a droit, par le zèle avec
» lequel il a rempli les bienfaisantes intentions du peuple
» français.

» *Signé* † OL. KELLY, *archevêque.* »

Les évêques qui ont pris part aux délibérations du synode
provincial dont on vient de lire la résolution *unanime*, sont :

Mgr Kelly, archevêque de *Tuam*.
Mgr Costello, évêque de *Clonfert*.
Mgr Coen, évêque de *Milevi*, coadjuteur de *Clonfert*.
Mgr Waldron, évêque de *Killala*.
Mgr M'Hale, évêque de *Maronia*, coadjuteur de *Killala*.
Mgr M'Nicholas, évêque d'*Achonry*.
Mgr Burke, évêque d'*Elphin*.
Mgr French, évêque de *Galway*.

RÉPONSE.

Monseigneur,

Les remercîmens adressés aux catholiques de France par les
vénérables prélats réunis à Althone, sous la présidence de
Votre Grandeur, les ont pénétrés d'une reconnaissance aussi
vive que respectueuse. Ils n'ont rempli qu'un devoir en pre-
nant, quelques-uns sur leur superflu, beaucoup sur leur né-
cessaire, les faibles offrandes de leur charité, et le témoignage
éclatant de votre gratitude les dédommage au centuple de tous
leurs sacrifices.

Mais ces paroles d'une bienveillance si précieuse, vous
daignez aussi les adresser aux rédacteurs de *l'Avenir*. Cepen-

dant notre seul mérite est d'avoir révélé aux catholiques français la détresse de leurs frères d'Irlande; car le nom de l'Irlande
libre dans sa pauvreté est saint à leurs yeux. Ils savent ses
souffrances et ses combats, sa foi et ses douleurs, sa lutte de
six siècles contre la tyrannie et les victoires de sa liberté.
Opprimée comme elle fut si long-temps, et aspirant à la jouis-
sance des droits qu'elle a si glorieusement conquis, ils se sont
aisément émus de sa misère. Et d'ailleurs que pouvaient-ils lui
offrir qui ne fût l'acquit d'une dette sacrée? A la voix de son
admirable clergé, la première entre les nations catholiques
elle est entrée dans la carrière de la liberté, et les franchises
qu'ils obtiendront un jour, ils les devront à l'exemple qu'elle
leur a donné.

Mais si les rédacteurs de *l'Avenir* avouent qu'ils ont peu de
droits à la reconnaissance de Votre Grandeur et de ses vénérables suffragans, votre approbation ne leur en est que plus chère,
et ils l'acceptent comme un bienfait de la Providence. En effet,
jamais ils n'eurent plus besoin de consolation qu'aujourd'hui.
Abreuvés d'autant de regrets que si l'alliance de Dieu avec la
Liberté, cette alliance si catholique en Irlande, cessait de
l'être en France, ils suspendent temporairement la publication de leur journal pour la reprendre quand le Père commun
des fidèles aura reconnu la pureté de leur foi, ou pour y re-
noncer enfin si à leur insçu ils étaient sortis de la voie catholique. Trois d'entre eux s'apprêtent à porter l'hommage d'une
ardente soumission aux pieds du Pontife suprême, et leurs
voix humbles et suppliantes lui demanderont justice contre
leurs propres erreurs ou celles de leurs accusateurs. Puissent
les prières et la bénédiction des évêques de l'Irlande les protéger pendant la durée de leur voyage !

Nous avons l'honneur d'être, avec le plus profond respect,

Monseigneur,

De Votre Grandeur,

Les très-humbles et très-obéissans serviteurs.

(Suivent les noms des membres du conseil de l'Agence.)

EXTRAIT DES STATUTS DE L'AGENCE GÉNÉRALE.

Art. 1er. Une Agence générale pour la défense de la liberté religieuse est établie à Paris, rue Saint-Germain-des-Prés, n° 10.

Art. II. L'Agence ne s'occupera que d'affaires religieuses : elle a pour objets principaux,

1°. Le redressement de tout acte contre la liberté du ministère ecclésiastique, par des poursuites devant les chambres et devant tous les tribunaux, depuis le conseil d'État jusqu'à la justice de paix. Dans les procès les plus importans, des publications de mémoires judiciaires, plaidoyers, etc., seront faites aux frais de l'Agence générale et répandues par toute la France.

2°. Le soutien de tout établissement d'instruction primaire, secondaire et supérieure, contre tous les actes arbitraires attentatoires à la liberté d'enseignement, sans laquelle il n'y a plus ni Charte ni religion.

3°. Le maintien du droit qui appartient à tous les Français de s'unir pour prier, pour étudier, ou pour obtenir toute autre fin légitime également avantageuse à la religion, aux pauvres et à la civilisation.

4°. L'établissement d'un lieu commun à toutes les associations locales qui se sont déjà établies en France, et qui s'y établiront dans le but de former une *assurance mutuelle* contre toutes les tyrannies qui attaqueraient la liberté religieuse.

Art. III. L'Agence est dirigée par un conseil composé de sept à neuf membres, lesquels sont actuellement :

MM. l'abbé F. de La Mennais, *président*, Bailly de Surcy, de Coux, l'abbé Ph. Gerbet, l'abbé Lacordaire, le comte Ch. de Montalembert, pair de France, l'abbé de Salinis, E. d'Ault du Mesnil, l'abbé Combalot, vicaire-général de Rouen.

Art. IV. Elle rend compte tous les six mois aux donateurs, dans un rapport imprimé, de son état matériel et moral et de l'emploi des fonds.

Art. V. Tout associé donateur a droit de demander à l'Agence qu'elle poursuive par toutes les voies énoncées dans l'art. III, tel fait contraire à la liberté religieuse qu'il lui dénoncera.

Art. VI. La demande de l'associé-donateur sera examinée par le conseil, qui décidera s'il y a lieu ou non à poursuivre. Dans tous les cas, la décision motivée du conseil sera transmise à l'associé-donateur.

Art. VII. L'abonnement annuel, qui constitue le titre d'associé-donateur, est de 10 fr. au moins.

Art. VIII. Plusieurs personnes peuvent se réunir pour former cette somme.

Art. XI. Un *comité consultatif* de jurisconsultes est adjoint au conseil de l'Agence, pour l'éclairer dans toutes les démarches judiciaires qu'il aura à faire. Les membres de ce conseil se chargeront en général des procès que l'Agence aura à soutenir. Il est composé de :

MM. Mandaroux-Vertamy, avocat à la Cour de cassation et au Conseil d'état; F. de Champagny, Flayol, Fontaine, Frémery, Henrion, Lafargue, avocats à la Cour royale de Paris.

La fête de l'Agence générale et des Associations correspondantes est fixée au 18 janvier, jour de la fête *de la Chaire de saint Pierre à Rome.* Tous les donateurs associés, correspondans et amis de l'œuvre, sont invités à s'approcher en ce jour des sacremens de la Pénitence et de l'Eucharistie, à l'intention d'obtenir de Dieu, par l'intercession de la sainte Vierge et de saint Pierre, prince des Apôtres, que la France fasse tous les jours de nouveaux progrès dans le chemin de la foi et de la liberté.